Biblioteca de Derecho Constitucional

Domingo García Belaunde
(Director)

Carlos Antonio Agurto Gonzáles
Sonia Lidia Quequejana Mamani
María-Pía Guadalupe Díaz Díaz
Benigno Choque Cuenca
(Coordinadores Generales)

WILLIAM G. HAMILTON
Chancellor of the Exchequer y
Chief Secretary for Ireland

LÓGICA PARLAMENTARIA

Edición al cuidado de
Carlos Antonio Agurto Gonzáles
Sonia Lidia Quequejana Mamani
Benigno Choque Cuenca

Ediciones Olejnik

Título: Lógica parlamentaria

© William G. Hamilton

Traducción por La España Moderna

© Ediciones Olejnik
Huérfanos 611, Santiago - Chile
E-mail: contacto@edicionesolejnik.com
Web site: http://www.edicionesolejnik.com

Primera edición en Ediciones Olejnik: 2019

ISBN: 978-956-392-661-3

Diseño de Carátula: Ena Zuñiga
Diagramación: Luis A. Sierra Cárdenas

Impreso en Argentina 2019 Printed in Argentina

LÓGICA PARLAMENTARIA

I

Distinción, amplificación y reflexión: tal es el *nexo*.

II

Lo que sabéis, lo que no sabéis; lo que se dice, lo que no se dice; lo que es claro, lo obscuro, lo contradictorio.

III

La apariencia de una cosa o algún compuesto (de ella), de ningún modo la cosa misma.

IV

Afirmad la misma cosa de diferentes maneras: cuando censuréis, buscad algo que aprobar; y cuando aprobéis, buscad algo que censurar. Ceded en un punto de importancia secundaria. Admitid la proposición y negad la consecuencia. De cada veinte argumentos no hay ni uno solo que pruebe en absoluto, sin posibilidad de equivocarse, lo que debiera probar. Haced que resalten los inconvenientes del extremo contrario.

V

Examinad antes de partir lo que debéis probar y el modo como probablemente se tratará de impedíroslo; evitad que se eche a un lado el principio verdadero para sustituirlo por un principio falso. Sabéis las conclusiones que necesitáis: hallad un principio para justificarlas.

VI

Cuando invocan un argumento para probaros una cosa, demostrad que prueba también otra.

VII

Variad los períodos del discurso, variando su longitud; y variad su fuerza, no poniéndola siempre en el mismo sitio.

VIII

Cuando citéis como prueba un ejemplo, haced que este sea tan irritante de por sí como probatorio.

IX

Cuando os favorezca, separad el *hecho del argumento;* cuando os perjudique, mezclad el hecho con el argumento. Por desprovista que esté de fundamento debéis apartar del debate toda aprensión de la cual creáis que sería muy desventajoso el dejarla prevalecer.

X

Conviene a veces presentar tal hecho o tal argumento como un punto en que no tenéis empeño en insistir; sobre todo cuando tengáis alguna cosa aún más importante que hacer valer.

XI

Cuidad de la gradación de los hechos y de los argumentos. Los mismos hechos y los mismos argumentos colocados diferentemente producen un efecto muy diferente.

XII

Conforme proseguís, esforzaos en hallar una forma cada vez más exacta.

XIII

Decid en vuestro discurso algo halagüeño para la Cámara. Ante todo, arreglad vuestro método.

XIV

Examinad a qué lugares comunes se presta el asunto que tratéis.

XV

Considerad la pasión particular que importa excitar.

XVI

Sed lisonjero al principio, conmovedor al fin.

XVII

Comenzad por exponer el punto que se trata de probar; manifestad cómo lo probáis, y luego haced notar que la prueba está dada.

XVIII

Importa señalar cuál es el estado de una cuestión con arreglo a las leyes positivas, a los precedentes parlamentarios, a las resoluciones de la Cámara, a la opinión de los jurisconsultos y políticos, etc., etc.

XIX

Pueden hacerse objeciones al plan o a la manera.

XX

Cuando hay argumentos que, sin referirse directamente a la causa, sin embargo, son adecuados para hacer resaltar los méritos de ella, debe comenzarse por esos argumentos. —Demostrad que los elementos de juicio aplicables en otros casos no lo son en este.

XXI

Asentad primero las *pruebas* en pro y en contra, y después las *presunciones* en pro y en contra.

XXII

Ved si el objeto de la discusión puede llevarse a un terreno popular. Cada cuestión tiene unas partes mejores que otras: separadlas en vuestro espíritu; suprimid la una y dad a la otra el *colorido* conveniente.

XXIII

Hacer triunfar vuestros argumentos y refutar los del adversario, son las dos divisiones esenciales de vuestra tarea.

XXIV

Poned como principio una cosa clara e innegable: la definición de una circunstancia ordinaria. Introducid una tercera cuestión.

XXV

Haced pasar lo bueno por malo, y viceversa. Examinad uno por uno con mucho cuidado vuestros puntos fuertes, y tened siempre en cuenta los prejuicios dominantes.

XXVI

Denunciad las opiniones erróneas alegadas contra vosotros. —Si vuestro adversario demostró que una cosa es *semejante* a otra, esforzaos por demostrar que debe ser *desemejante,* a causa del objeto diferente que se propone. Y viceversa.

XXVII

La invención sirve para descubrir una idea; la fantasía para darla forma y variedad, y la elocución para vestirla.

XXVIII

Estableced, no solo lo que la cuestión es realmente, sino también lo que no es, y aquello porque se yerra en tomarla.

XXIX

Mostrad claramente lo que se trata de probar y qué argumentos deben emplearse para lograr la prueba. Conseguiréis ventajas dando color a un punto y suavizando otro.

XXX

Notad en los discursos de quienes hablaron antes que vosotros, qué fue escuchado con gusto y qué fue oído con aburrimiento.

XXXI

Cuando una ley es defectuosa, solo puede consistir en una de estas tres causas: falta de poder, falta de saber, falta de conocimiento del asunto en el legislador.

XXXII

No hay asunto que circunstancias adecuadas e inherentes a él no lo distingan de otro cualquiera. Es importantísimo descubrirlas con juicio y hacerlas resaltar con habilidad.

XXXIII

La amplificación es de un uso feliz cuando el asunto permite varios exordios, cuando el período consiente varias pausas y cuando los incidentes, amontonados unos encima de otros, se elevan por grados a una grandiosidad que impone. Ennoblece lo que es familiar, empeora lo que ya es malo de por sí, refuerza los argumentos é inflama las pasiones. Tiene por esencia el número. Es una serie de pensamientos que surgen unos sobre otros; es la reunión completa de todas las circunstancias particulares propias del asunto y que se elevan progresivamente hasta el fin que se trata de demostrar.

XXXIV

La elocuencia abundante es de rigor cuando se intenta calmar el espíritu del auditorio, en los temas familiares, o en género narrativo.

XXXV

Pensad qué dirían acerca del mismo asunto los oradores que admiráis.

XXXVI

El plural da al discurso magnificencia y el singular le da fuerza; pero el empleo alternativo de los números es patético.

XXXVII

La perífrasis suaviza un discurso donde domina la propiedad de la expresión.

XXXVIII

Conviene que a los atrevimientos les preceda una atenuación preparatoria.

XXXIX

La grandeza necesita espacio. La condensación achica. Pero la concisión refuerza y fija el sentido.

XL

Dos cosas de diferente especie no pueden compararse en grado: no es lícito decir que son iguales, superiores o inferiores una a otra.

XLI

Reglas: Rendirse a la evidencia; dar pruebas de una atención constante; evitar la precipitación y arrebato.

XLII

Cuando dos oradores llegan a conclusiones diferentes, es necesario encontrar algún principio común en que estén de acuerdo.

XLIII

Para evitar errores no os fieis de una sola impresión. Examinad el mismo asunto en épocas y situaciones diferentes; preguntad a otras personas qué piensan acerca de él.

XLIV

Más gusta recrearse en inquirir la causa de un hecho, que detenerse a examinar la realidad misma de ese hecho.

XLV

La novedad de una proposición no debiera inducir a error solo porque sorprende.

XLVI

Cuando se comparan dos objetos, debe comenzarse por poner en orden los atributos de uno y proponerse luego encontrarlos en el otro.

XLVII

Para hacer admitir una consecuencia emanada de un asunto no conocido bien, es preciso mostrar ante todo que se deduce también de otro bien conocido.

XLVIII

Cuando no consigáis convencer, proponeos deslumbrar acumulando imágenes.

XLIX

En cualquiera otro examen, formulad proposiciones directas, positivas, y comparadlas luego entre sí.

L

Cuando estudiéis una ley, considerad si ha sido hecha por legisladores capaces, con sanciones penales que convengan, y si conduce por camino seguro al fin propuesto.

LI

Para juzgar en cualquier asunto, no sigáis el parecer ajeno, sino examinadlo por vosotros mismos. Rectificando un error general es como se adquiere el mayor crédito.

LII

Los oradores propenden con frecuencia a negar un principio en una parte de su argumentación y a recurrir a él en otra parte.

LIII

A menudo, los oradores rechazan la primera parte de una teoría, y hacen descansar luego su conclusión en la otra parte del mismo principio; de ahí resulta que la verdad y el error están mezclados en su decisión.

LIV

Distinguid las diferentes partes de un asunto, prescindid de lo que no conduzca al fin que persigáis, y no saquéis conclusiones sino apoyándoos en los argumentos que tengan influjo sobre la cuestión.

LV

Hay un arte que consiste en hacer uso de una teoría dudosa como de un principio indiscutible, y en argüir con un caso particular como si fuese una máxima general.

LVI

Distinguid entre lo que es evidente y lo que *parece* evidente.

LVII

Estudiad la naturaleza de las pruebas que se presenten. No os fundéis en el testimonio, cuando el testimonio nada tenga que ver con el asunto; ni en la probabilidad, cuando la cosa pueda ser demostrada.

LVIII

Nunca consideréis lo *ordinario* o lo *extraordinario* como un signo de verdad o de mentira.

LIX

La distinción aclara los asuntos, y la división los enturbia.

LX

Cuando no tengáis razón, emplead expresiones amplias y generales (porque son equívocas), y multiplicad las divisiones y distinciones hasta lo infinito.

LXI

Las partes más brillantes de un discurso, si no son las más ricas en argumentos, resultan las más fáciles de contestar.

LXII

Si no encontráis argumento que refutar, haced objeción a una palabra. No concedáis nunca nada por simples apariencias o por motivos ligeros, ni mucho menos sin motivo.

LXIII

Examinad si ciertas ideas, encadenadas unas con otras, son conexas por naturaleza o solo se unen por la fuerza de la costumbre.

LXIV

Cuando un asunto es difícil, descomponedlo en partes diversas y plantead con claridad cada cuestión distinta.

LXV

Alterase una cuestión cambiando sus términos o añadiendo otros nuevos. De esta manera las ideas resultan más flexibles, variadas y aptas para prestar mayor servicio a vuestra causa.

Formaos clara idea del asunto, una idea independiente de las palabras. Tened fija la vista en esa idea durante toda la argumentación. No permitáis el más ligero cambio en los términos, ya por adición, ya por sustracción, ya por sustitución, y veréis entonces con claridad lo que es superfluo, lo que está dentro de la cuestión y lo que está fuera de ella.

LXVI

El sentido secundario que el uso habitual ha añadido a muchas palabras, debe distinguirse de su sentido particular, ordinario y primitivo; así como del significado de esas palabras en boca del autor, durante tal época, en el lenguaje de tal secta o de cuál partido.

LXVII

Cuando se toca un asunto por incidencia, es preciso emplear iguales pruebas que cuando se trata directamente; cuando se le trata de un modo conmovedor y persuasivo, se deben emplear las mismas pruebas que para una demostración doctrinal y dogmática.

LXVIII

Tened en cuenta el orador que habla, su temperamento, los oyentes a quienes se dirige el discurso y las circunstancias de tiempo y lugar, etc.

LXIX

Eliminad de la cuestión todos los términos dudosos, y limitadla a la extensión que fuere propia de ella; si no podéis hacerlo así, declarad que debe tomarse en su sentido más general.

LXX

Cuando no podáis hacer frente a vuestro adversario en el terreno de la lógica, tened ingenio, imaginación, sutileza y astucia.

LXXI

Que cada una de vuestras concesiones vaya siempre acompañada de alguna restricción. No desperdiciéis ninguna concesión de vuestro adversario, arregladla a vuestro antojo y volvedla en el mayor beneficio para vosotros.

LXXII

Id a vuestro fin lo más gradualmente posible.

LXXIII

Combatir el argumento y no la cosa, combatir la palabra y no la intención, es propio de un sofista.

LXXIV

Considerad el tiempo, el lugar, la manera, el fin, el motivo, los efectos que pueden o deben resultar, las personas, las cosas, los diferentes aspectos y las situaciones diversas; no os limitéis a considerar estas cosas con una ojeada rápida, sino pesadlas y añadid también la importancia, las propiedades, las relaciones.

LXXV

En un asunto distinguid lo fijo e inseparable de lo que es ocasional, accidental o solo de circunstancias.

LXXVI

Podéis reconocer alguna buena cualidad en el discurso de vuestro adversario, pero debéis negar la consecuencia que saca del mismo pasaje cuyo elogio hagáis.

LXXVII

Tres reglas para la verosimilitud: lo que es más conforme con la naturaleza de las cosas; lo que más concuerda con los resultados de observaciones constantes y experiencias reiteradas; lo que mejor responde al decir de los hombres sensatos y honrados y al testimonio general de la multitud.

LXXVIII

Cuando inquiráis la causa de un efecto, examinad: 1.º, qué efectos de naturaleza similar habéis observado y cuál era la causa de esos efectos; 2.º, cuáles son las causas que pueden producir el efecto en cuestión, y si algunas de esas causas están excluidas por la naturaleza del caso particular de que se trata, con lo que encontraréis así la causa probable y luego la causa cierta; 3.º, cuáles son los hechos que han precedido al efecto en cuestión, conduciéndo esos hechos al conocimiento probable, si no cierto, de la causa; 4.º, si una sola causa ha podido producir el efecto o si hacían falta varias, juzgando cada causa por separado: observad primero los efectos de cada causa sola y después los de todas juntas; ved hasta qué punto disminuye o aumenta el poder de cada una por la reunión de todas, y considerad, por último, la naturaleza del asunto sobre el cual debe obrar la causa.

LXXIX

Hay pruebas insuficientes y pruebas precarias.

LXXX

Señalad los *extremos* de cada lado de la cuestión y recusadlos.

LXXXI

Distinguid entre lo que es defensa y lo que es apología.

LXXXII

Las leyes no pueden regular la moral como regulan el derecho estricto y la justicia entre los individuos.

LXXXIII

Cuando se trata de un caso aislado, podéis separar el motivo del hecho; no podéis hacerlo cuando se trata de costumbres arraigadas o de casos reiterados.

LXXXIV

Cuando al examinar una proposición no se la encuentra otra razón sino un interés particular, puede afirmarse que no tiene más objeto que ese interés.

LXXXV

Según la naturaleza de la cuestión, juzgaréis si una regla establecida para un caso particular es aplicable a otro caso.

LXXXVI

A menudo acontece que proposiciones exactas en un solo sentido determinado se presentan como si fuesen verdaderas de un modo absoluto.

LXXXVII

La mención de un derecho por un acta del Parlamento trae consigo el reconocimiento de ese derecho.

LXXXVIII

Tened método, pero disimuladlo.

LXXXIX

Cuando dos acontecimientos se suceden, no se deduce de ahí que el uno haya sido causa del otro.

XC

Circunstancias extrañas a la cuestión se llevan con frecuencia al primer lugar del discurso y llegan a ser así la base misma de la decisión (de la asamblea).

XCI

Reconocer el peso de una objeción es propio de un espíritu imparcial; pero esta sinceridad se convierte en imprudencia cuando no se tiene guardada una respuesta (decisiva) a la objeción.

XCII

Algunos argumentos, alguna ironía, alguna elocuencia: eso es el discurso.

XCIII

Demostrad que una resolución es buena precisamente dentro de los límites en que la proponéis, pero que sería perjudicial a poco que se adelantase o retrocediese el punto de vista.

XCIV

Un argumento probable no es un argumento concluyente: la verdadera señal de que una cuestión es discutible está en que puedan alegarse por una y otra parte argumentos plausibles o probables, pero las probabilidades han de contrapesarse.

XCV

Según os convenga más para vuestra causa, mostrad que importa ampliar o restringir el asunto, comprender en él tales o cuales circunstancias o excluirlas.

XCVI

Clasificad vuestros argumentos en dos grupos: para persuadir y para convencer. Nazca entonces la elocuencia del mayor brío de la argumentación.

XCVII

Acostumbrase a comparar entre sí los procedimientos empleados en épocas diferentes, sin tener en cuenta la diferencia de las situaciones.

XCVIII

La importancia de los medios debe siempre medirse y ser proporcional a la importancia del fin.

XCIX

Que la conclusión vaya siempre detrás de la parte más fuerte (del discurso). Ocupaos ante todo en distinguir bien y ordenar bien vuestros argumentos. Distinguid entre lo positivo y lo que solo es deductible, entre una inducción y la regla que debe ser decisiva. Escrutad con cuidado los motivos de toda hipótesis que se invoque contra vosotros. Cuando un argumento se acepta en parte y el resto de él se rechaza formalmente, la situación suele ser menos buena que si se hubiese aceptado el argumento entero.

C

Un hecho puede muy bien resultar de la combinación de varias tradiciones, aun sin fundarse en la autoridad de una tradición particular.

CI

Porque una cosa parezca probable (en cierto sentido), no se sigue de ahí que sea verdadera; pero es una razón para que no se examine a fondo.

CII

La prueba más fuerte resulta del concurso de varios testimonios independientes é indiferentes, que no tengan motivos o intenciones semejantes y no se funden en un principio común: solo la notoriedad puede producir un concurso de esa especie.

CIII

Siendo la misma la libertad de las conjeturas, demostrad que pueden establecerse probabilidades distintas, opuestas y sin embargo iguales.

CIV

Distinguid entre un hecho y una opinión fundada en ese hecho.

CV

Llevad cada cosa a su razón y a su principio.

CVI

Una circunstancia particular tiene mucha importancia y fuerza no la toméis ni la dejéis tomar por un principio general.

CVII

No os limité« a rechazar la objeción que ha sido formulada, sino mirad bien a derecha e izquierda y ved si hay otras.

CVIII

Una ley solo es perfecta si se ha establecido de modo que gobierne a los accidentes, en vez de estar a merced de ellos. Una ley que debe toda su utilidad a una conjetura no merece que se haga mucho caso de ella.

CIX

Haced notar cuán diferente es renunciar a una cosa y renunciar a los defectos de esa cosa.

CX

Vuestro deber es conformaros con las leyes, no solo de una manera afirmativa, sino también de una manera negativa, es decir, no haciendo nada contrario a esas leyes.

CXI

A menudo hay razón para negar una cosa, pero con frecuencia no la hay para concluir que lo que se afirma se deduce de esa negación.

CXII

Muchas veces se sacan consecuencias verdaderas de principios falsos.

CXIII

Distinguid entre lo primero que os induje a creer y lo último que os ha decidido a hacerlo.

CXIV

Al principio, perífrasis; después enlazadlas con sentencias.

CXV

Arreglad con una feliz elección de circunstancias lo defectuoso, u omitidlo si no podéis arreglarlo; pero tened siempre en vuestro propio espíritu una clara noción de lo que es así vituperable.

CXVI

Aunque el Parlamento se empeñase en limitar por un *Acta* la aplicación de un principio, el principio subsiste todo entero.

CXVII

Un epíteto diminutivo no altera el principio.

CXVIII

Recoged la afirmación de vuestro adversario, manifestad que si es verdadera no cambia en nada la cuestión y demostrad en seguida que es falsa.

CXIX

El temor de que por haber evitado un inconveniente menor resulte otro más grave, no prueba que el primero deba desdeñarse.

CXX

Cuando una palabra tiene dos significados, los políticos fundan parte de su argumentación en uno de los sentidos de dicha palabra, y la segunda parte en el otro sentido.

CXXI

La tradición, el acuerdo general y la antigüedad son poderosos motivos para creer.

CXXII

Cuando hago o creo una cosa al mismo tiempo que otra persona, no resulta de ahí que yo la haga o la crea porque la otra persona la hace o la cree.

CXXIII

Cuando no hay repugnancia en creer una cosa, eso prueba que la cosa puede ser, pero no que sea; si hay repugnancia, prueba que no puede ser.

CXXIV

Distinguid entre lo que es necesario para que una cosa sea y lo que es necesario para que exista en efecto.

CXXV

El que pueda yo engañarme en un caso particular no prueba que no pueda estar seguro de tener en otros casos razón.

CXXVI

Una costumbre inmemorial no es incompatible con un estatuto público o una ley común.

CXXVII

Un estatuto que menciona una cosa prueba al menos su uso: si la cosa se menciona sin vituperio, el estatuto prueba su legalidad; y si el estatuto establece disposiciones reglamentarias acerca de ese asunto, esto es otra prueba más.

CXXVIII

Una ley que castiga a quienes no hicieren una cosa, manifiesta de un modo evidente que esa cosa es legal.

CXXIX

Toda dispensa de una carga significa que, sin esa dispensa, las personas dispensadas hubiesen estado sujetas a la carga.

CXXX

Un *Acta* del Parlamento para autorizar una cosa prueba que sin ese *Acta* la cosa no sería lícita.

CXXXI

Medios de unión o de separación entre los Estados: religión, alianzas de familia, posición geográfica, situación relativa, reivindicaciones o pretensiones, ambiciones mercantiles.

CXXXII

La extensión del territorio no es una prueba del poderío de un Estado. Si fuese de otro modo, la Gran Bretaña sería un Estado de muy poca monta, porque los territorios de Alemania, Rusia, Suecia, Francia, España, Turquía, Dinamarca e Italia son más vastos (prescindiendo, sin embargo, de las regiones sometidas al dominio de la Gran Bretaña).

CXXXIII

Si la cuestión que os ocupa no responde en seguida a vuestro intento, volvedla por todas partes y examinadla aún más.

CXXXIV

Hay casos en que podéis ir en pro del principio y en contra de su aplicación, cuando se quiere hacer de la aplicación (inmediata) una consecuencia forzosa del principio.

CXXXV

Si os veis conducidos a una conclusión de una manera tan irresistible que debáis o podáis dejaros arrastrar a ella, ceded (en uno y otro caso).

CXXXVI

Todo acto que la ley pasa en silencio es lícito; pero ese acto lícito puede ser inmoral, y entonces es preciso no ejecutarlo.

CXXXVII

Toda obligación cesa en cuanto llega a ser imposible.

CXXXVIII

Cuando habéis refutado las razones de vuestro adversario acerca de la pretensa necesidad de cierta medida, es inútil que aún discutáis su conveniencia.

CXXXIX

Examinad bien cuál de las partes de vuestro asunto se presta a la discusión ceñida, a la elocuencia y a la ironía.

CXL

Un proyecto es de quienes lo aceptan y le dan autoridad y no de quienes lo han elaborado. Cada ley ha sido hecha por alguien; pero no es obra *suya,* sino de quienes la han adoptado, es decir, del Parlamento.

CXLI

Impedid que se haga una cita de una manera inexacta.

CXLII

El asunto o las circunstancias pueden hacer comprender si la cuestión debe considerarse en un sentido lato o restringido, aun cuando esto no se indique de un modo formal.

CXLIII

Los discursos de carácter general deben oírse con restricciones.

CXLIV

El discurso puede llegar al grado de perfección que el orador se proponía, pero nunca es lo suficiente perfecto para corresponder a todas las intenciones.

CXLV

A todo error responde una verdad opuesta; el público contradice algunas cosas, porque supone que son lo que nunca debieron ser.

CXLVI

Al pretender explicar la cuestión que se os plantea, suele añadirse otra nueva a la primera.

CXLVII

Cosas hay que pueden ser provechosas, aunque no contengan todo lo que es necesario.

CXLVIII

Reconocer una objeción sin someterse a ella, no significa nada.

CXLIX

Un resumen perfecto no debe omitir ninguna de las partes necesarias de la cuestión, aunque no debe contener ni las razones ni las pruebas en que la demostración se funda. Es una miniatura.

CL

Las posiciones difíciles de conquistar en sí pueden tomarse cómodamente si nos aproximamos a ellas por una serie de verdades preparatorias.

CLI

Apoyad vuestro razonamiento en un caso dado, valiéndoos de los argumentos empleados por vuestros adversarios en otro caso, y demostrad de la misma manera la poca fuerza de esas pruebas.

CLII

Enlazar cosas que tienen entre sí realmente y sin parecerlo una relación necesaria, produce gran efecto. Llevad lejos vuestros pensamientos: el tener amplitud de miras es señal de profundo ingenio y suministra recursos que sorprenden.

CLIII

Llamad las cosas que vituperáis con el nombre benévolo de quienes las alaban.

CLIV

Hallad un término medio entre el nombre dado a una cosa por sus partidarios y el que le dan sus adversarios.

CLV

Proponeos demostrar que un argumento es flojo, hasta que es menos fuerte de lo que sea en realidad, y demostrad luego que es tanto más débil cuanto que había sido exagerado.

CLVI

Uno absurdo dato, multa sequuntur.

CLVII

Cuando planteéis una cuestión a vuestro adversario, sea esa cuestión vuestra última palabra.

CLVIII

Lo que se le dice sin restricciones al público, lo oye este como si no las hubiese.

CLIX

No es posible decir que una determinada medida no producirá nunca tal o cual consecuencia; basta que esto no sea probable y que dicha medida no sea particularmente adecuada para ese objeto (que se teme).

CLX

En las comparaciones, es ventajoso que la similitud sea sobre todo evidente por las semejanzas enumeradas en último lugar.

CLXI

Cuando no hay necesidad de hacer determinada cosa, no hay motivo para quejarse con razón de que la cosa se haya hecho por escrúpulo de conciencia.

CLXII

Obligare et ligare. De que una cosa sea por sí misma un mal o un crimen, no se sigue que no haya casos en que cambie de carácter en absoluto.

CLXIII

Examinad si el argumento justificativo de cierta cosa no puede emplearse también en virtud del mismo principio, para justificar cualquiera otra cosa.

CLXIV

Si el conjunto de una cuestión va en contra vuestra, hablad acerca de una parte de ella, como si esa parte fuese el todo.

CLXV

Una cosa insignificante en sí puede ser importantísima y esencial por sus consecuencias.

CLXVI

Examinad cuál es la especie de pruebas que produce más impresión en el ánimo de los hombres.

CLXVII

Vuestro primer cuidado debe ser explicar o persuadir, y en seguida estableced: 1.°, lo que está reconocido; 2.°, qué objeciones es preciso refutar; 3.°, lo que hace falta probar o confirmar.

CLXVIII

No paséis por completo en silencio, sino limitaos a velarlas, las circunstancias principales que militan en contra vuestra.

CLXIX

Tratad de que el remedio sea proporcionado al mal, que sea practicable y que no cause un daño mayor que el que se propone extirpar; si hubiese de dar margen a inconvenientes más graves, ved si este nuevo mal puede precaverse o atenuarse con nuevas medidas.

CLXX

Meditad primero el fondo y luego las palabras; pesad el valor de cada expresión, procurando que sea mejor al fin que al principio y mejor también al principio que al medio. Explicaos por completo, pero sin garrulería, aun cuando hay pasajes del discurso donde conviene ya desplegar todas las velas, ya retener el pensamiento y condensarlo. Haced que el período sea redondo y claro, que la caída de cada frase sea armoniosa; variad las pruebas por medio de imágenes; lo que el discurso reclama es una causa poderosa, un asunto noble, argumentos sólidos, viva imaginación y un juicio profundo.

CLXXI

Comprended al público a quien vais a dirigiros; considerad lo que oirá con más atención, lo que desea con ardor más vivo; inquirid también lo que os permitirá traerle a la memoria los recuerdos más dulces del pasado, y haced alusiones a cosas conocidas y gratas.

CLXXII

Es raro que las verdaderas razones por las cuales se propone una medida sean las que se alegan. Distinguirlas es prepararse una rica y brillante provisión de argumentos.

CLXXIII

Cuando pretendan que una medida propuesta por vosotros lo ha sido por un interés particular, esforzaos en demostrar de cuán diferente manera hubierais obrado si vuestro verdadero móvil hubiese sido un interés personal.

CLXXIV

Demostrad la razón de una medida *ese absurdo y contrario.*

CLXXV

No tengáis solo en cuenta las medidas que se hayan propuesto en el transcurso de la sesión, sino también de las propuestas por los mismos políticos en otras sesiones.

CLXXVI

Acerca de cada ley, leed una historia o un libelo de su tiempo.

CLXXVII

Cuando vuestros adversarios admitan el principio, fijaos en cómo tratan de explicarse acerca de su aplicación.

CLXXVIII

Contestad primero a los argumentos de los demás y haced luego valer los vuestros.

CLXXIX

No os contentéis nunca con una idea ni con una expresión tal como se os ocurran al pronto, sino tratad siempre de perfeccionarlas cada vez más.

CLXXX

Observad primero, juzgad después y razonad luego.

CLXXXI

Cuando se alega un hecho cualquiera, siempre se está más dispuesto a investigar sus causas que a ponerlo en duda.

CLXXXII

Es preciso formarse clara idea de la cuestión, sin atenerse a las palabras: así veréis lo que es superfluo, lo que está dentro del asunto y lo que se queda a un lado.

CLXXXIII

No concedáis nunca nada sin haber quedado enteramente convencidos.

CLXXXIV

Si en una discusión hay un terreno común de acuerdo, buscad la distancia exacta entre las opiniones de las personas que no se entienden; así encontraréis el punto preciso discutible.

CLXXXV

Es más fácil refutar el argumento de quien defiende la cuestión, que la cuestión misma.

CLXXXVI

Proveeos de cierto número de proposiciones, observaciones, argumentos, hechos probados por la experiencia y razonamientos, a fin de poder en todas las ocasiones recurrir a ciertos axiomas; examinad luego si son causa, efecto, substancia, modo, facultad o propiedad, a fin de que la inteligencia se acostumbre al método.

CLXXXVII

Distinguid entre las circunstancias permanentes *(inseparables)* y las temporarias y locales.

CLXXXVIII

Los argumentos demostrativos deben presentarse de una manera analítica o por inducción. El análisis consiste en conducir las cuestiones a sus principios y extraer de las verdades conocidas las verdades desconocidas. Por medio de la inducción, llegad de un gran número de casos particulares a una observación general que concuerde con todos los casos particulares.

CLXXXIX

Se comete error, tanto acerca de la naturaleza de las cosas, como acerca de las relaciones que existen entre ellas.

CXC

Los sofismas más ventajosos en el discurso son aquellos que consisten, no en la ambigüedad de una sola palabra, sino en la sintaxis ambigua de varias palabras reunidas.

CXCI

Los verdaderos sofismas consisten en admitir un principio falso, reconocer como verdadero en absoluto lo que solo es verdad en un sentido determinado, o atribuir un efecto a lo que no es capaz de producirlo.

CXCII

Interpretatio legum: *histórica, etimológica, analógica, práctica.*

CXCIII

Mezclad el razonamiento, el sofisma y la elocuencia.

CXCIV

Según los casos, disponed vuestros argumentos en orden cerrado para paralizar la razón, o desplegadlos en gran extensión para confundirla.

CXCV

El tropo musical y el retórico sirven para preservarse de las pesadeces y despistar a quien oye respecto a lo que espera.

CXCVI

Hay cuatro artes intelectuales: inventar, juzgar, retener y expresar.

CXCVII

Cuanto más grande es vuestra anticipación, más rápidas son vuestras indagaciones.

CXCVIII

Por medio del análisis reducís un discurso a sus principios y separáis sus diferentes partes de modo que las examinéis una por una; así conseguís conocer con más exactitud su conjunto.

CXCIX

Por medio de la inducción sacáis una consecuencia de varios principios asentados con anterioridad.

CC

Para demostrar lo débil de un argumento, despojadle de las ideas superfluas que, mezcladas con las ideas de las cuales depende la deducción, parezcan indicar una relación donde no la hay. Después de haber puesto así al desnudo las ideas, disponedlas en un orden conveniente, aquel del cual depende el argumento, y en seguida aparecerá el sofisma.

CCI

Para precaveros contra la ambigüedad del lenguaje, examinad todas las hipótesis y todos los casos: mayoría, minoría, prioridad, posterioridad, identidad, diversidad, posibilidad, acto, totalidad, parte, existencia, carencia, etc.

CCII

Podéis ofuscar la razón por medio de la sutileza, o dominarla por medio de la imaginación.

CCIII

El entendimiento humano es de tal suerte, que la afirmación produce en él más efecto que la negación. Si dais alguna vez en el blanco, al punto se olvida que a menudo lo habéis errado.

CCIV

La razón se perturba por el sofisma, por la imaginación y por la pasión.

CCV

El sentimiento solo atiende al presente; la razón considera el porvenir y el conjunto de los tiempos.

CCVI

La lógica trata a la razón tal como es en sí; la retórica la trata como está constituida según el parecer de las gentes.

CCVII

Al hablar de los acontecimientos en otro orden que no sea aquel en el cual ocurrieron, podéis cambiar, no solo su apariencia, sino también su misma naturaleza.

CCVIII

Preámbulo, conclusión, digresión, transición, justificación.

CCIX

Introducid en cada uno de vuestros discursos una descripción; y, según fuere el asunto, dad a ese cuadro más o menos color y más o menos importancia.

CCX

Leed a Séneca: os dará, sobre la mayoría de los temas, puntos de vista sagaces y brillantes argumentos.

CCXI

Con frecuencia es ventajoso comenzar haciendo constar hechos o refiriendo incidentes que han precedido a la intervención vuestra.

CCXII

Las reglas de la dialéctica son tan poco numerosas, que rara vez acontece que no os veáis obligados a emplear para vuestro provecho en una parte de vuestra argumentación lo que en otra parte de la misma empleasteis contra vuestro adversario; entonces os veis obligados a admitir principios que habíais negado y a negar otros que habíais admitido.

CCXIII

Tened un estilo diferente para cada argumento, y para las diferentes partes de la misma argumentación.

CCXIV

Fijaos en el punto de partida y en la manera de plantearse la cuestión al principio: ahí es donde suele encontrarse el sofisma.

CCXV

Un artificio frecuente consiste en recomendar alguna cualidad particular, la misma que la persona que la recomienda tiene interés en encontrar en el orador interpelado. Cuando se obra así con respecto a vosotros, contestad afirmando que aún hay otras cualidades a montones, y citadlas.

CCXVI

Así como los auditorios están harto predispuestos a admitir sin examen los hechos, también lo están a negar en redondo acusaciones, muchas de las cuales pudieran admitirse sin peligro, para destruirlas luego por la ironía o por la demostración.

CCXVII

Tomando solo las partes primera y última de un argumento que os opongan y pasando por alto todas las partes intermediarias que unen a aquéllas entre sí, podéis dar una apariencia enteramente ridícula a ese razonamiento.

CCXVIII

No hay tema discutible que bien examinado no os permita, en una u otra de sus partes, decir cosas agradables a vuestros adversarios y atraéroslos hasta cierto punto.

CCXIX

Cuando se os ocurran un argumento sólido o una agudeza para la réplica, no los empleéis de una manera precipitada y de un tirón. Produciréis más efecto sí, después de manifestar primero algunas razones menos fuertes, aunque igualmente aptas en vuestro sentir para llevar el convencimiento a los ánimos, enlazáis luego todo de una manera decisiva a irrefragable con vuestro argumento más robusto.

CCXX

Siempre deben examinarse estos dos puntos: si el argumento que se expone es exacto en sí mismo; y si, siendo exacto, es aplicable a la cuestión. En general, los argumentos son verdaderos en parte y en parte falsos, en parte aplicables a la cuestión y en parte inaplicables. Por tanto, debéis tratar de reconocer y de manifestar hasta qué punto es un argumento exacto y aplicable a la cuestión, y hasta qué punto es inexacto y no se aplica a ella.

CCXXI

Antes de aplicar el remedio se necesita siempre conocer la causa del mal. Distinguid también entre los males pasados, presentes y futuros.

CCXXII

Al discutir una costumbre o una ley, inquirid el asunto primitivo y mostrad sus variaciones. Si no podéis explicarla de una manera segura, hacedlo al menos de un modo probable. Por medio de estas conjeturas haréis servir a vuestro propósito el argumento.

CCXXIII

Las partes del discurso que provocan las críticas suelen ser los epítetos. No se equivoca tan a menudo acerca de las cosas mismas, como acerca de su grado. Pues bien; el grado lo marcan los epítetos.

CCXXIV

En el discurso o en la conversación se aparenta sagacidad o juiciosa observación manifestando que un argumento invocado para demostrar una cosa prueba más bien otra.

CCXXV

Bien miradas, las partes más serias de la argumentación traen consigo a menudo algunas vivas digresiones; pero entonces importa que las salidas sean breves, de modo que varíen el curso de la argumentación sin interrumpirlo.

CCXXVI

Reunid el mayor número de ejemplos que podáis: refuerzan y enriquecen la argumentación.

CCXXVII

Antes de tratar el asunto de vuestro discurso, ved qué tono le conviene: elevado y de mando, conciliador y humilde, terrorífico o jocoso, mixto o evasivo.

CCXXVIII

Si el principal punto que se discute es muy contrario, ved cuál es el punto más importante y más a propósito para agradar que haya a vuestro favor. Insistid en este punto y limitaos a desflorar nada más el otro: pasarlo del todo en silencio sería un recurso demasiado zafio.

CCXXIX

A menudo descubriréis el verdadero sentido de una ley o de un decreto examinando sus cláusulas secundarias: estas os harán adivinar cuál de las interpretaciones propuestas era la que estaba en el ánimo del legislador.

CCXXX

En la mayoría de las discusiones, quienes disputan suelen decir más de lo que les convendría, y como en tal caso se equivocan por necesidad acerca de muchos o de algunos detalles, entonces podéis deteneros solo en los detalles respecto a los cuales se han equivocado, o tomar nota de ellos, por lo menos para demolerlos y destruir así el resto de la argumentación.

CCXXXI

Examinad siempre qué materiales podéis economizar de vuestra primera argumentación; luego los emplearéis de la manera más ventajosa para vuestra réplica.

CCXXXII

Ved qué partes de vuestra argumentación se prestan más al ataque, y procurad tener en reserva otros argumentos para defenderlas. Hábil política es a veces no dar a un argumento toda su fuerza, para poderlo defender con nuevo vigor en la réplica.

CCXXXIII

Llevad preparado un resumen general de vuestros argumentos, para estar prontos a responder a cualquiera cuestión previa incidental.

CCXXXIV

Preparad vuestra peroración de modo que podáis acabar en cuanto lo juzguéis conveniente.

CCXXXV

Todo asunto particular se presta a un tema declamatorio general. Buscad siempre ese tema y haced el uso que de él convenga.

CCXXXVI

Puede hacerse notar (para sacar partido de ello), no solo que un orador se contradice él mismo, sino también que está en contradicción con quienes defienden la misma causa que él.

CCXXXVII

Para fortalecer y animar a la vez vuestro discurso, introducid en él alguna alusión, ya al principal tema de conversaciones que preocupe fuera de la Cámara o dentro de ella, ya a un incidente de última hora relativo a la misma cuestión o a otra análoga; cuidad de que la alusión sea bien elegida y esté de acuerdo con las preocupaciones reinantes en la Asamblea.

CCXXXVIII

Es raro que uno de los oradores que intervengan en la discusión no presente algún argumento de una extravagancia ridícula e insostenible. Entonces es fácil presentar ese argumento como si fuese el de todos vuestros adversarios.

CCXXXIX

Establezca siempre el Gobierno su razonamiento fundándolo en un principio muy claro; siempre les quedará a sus amigos algo que decir, pero también lo que digan no importa mucho.

CCXL

Si alguien emplea contra vosotros o aun en pro de vosotros alguna expresión extravagante y exagerada, o evasiva o ridícula hasta cierto punto, produciréis gran efecto aplicándola de una manera jocosa y presentándola a vuestra vez a la Cámara bajo un aspecto nuevo y absurdo. Esto es verdad, no solo en las discusiones, sino también en la conversación.

CCXLI

Responded con argumentos irónicos a razonamientos serios, y recíprocamente.

CCXLII

Siempre que presentéis una cuestión de un modo jocoso, esforzaos en concluir por una aplicación seria, no solo porque lo serio tras lo ridículo produce más efecto, sino porque este procedimiento quita la apariencia de ligereza y prueba que no os burláis por afición a tomarlo todo en broma.

CCXLIII

Cuando la causa que defendáis sea mala, esforzaos sobre todo en ver si alguno de vuestros adversarios ha fundado su argumentación en una base falsa o frágil, lo cual acontece a menudo; entonces haced que vuestro discurso verse, no sobre la cuestión misma, sino acerca de la argumentación.

CCXLIV

Sobre todo, que vuestro razonamiento esté al abrigo de objeciones análogas a las que dirijáis contra los argumentos de vuestros adversarios. Además, examinad con atención todas las partes de los argumentos empleados contra vosotros, para ver si podéis oponer a vuestro adversario las mismas objeciones que él os hace. Si lo conseguís en parte, produciréis buena impresión; si podéis devolver el argumento entero, el efecto será maravilloso.

CCXLV

Cuando queráis dar a un argumento un giro burlesco, al perorar, pasad de un tono elevado a un tono bajo y familiar, al tono de la conversación.

CCXLVI

Los argumentos de mayor alcance suelen estar con frecuencia tan mal presentados y tan negligentemente defendidos, que pierden toda su fuerza. Cuando advirtáis que esto sucede, entonces podéis apropiároslos presentándolos de nuevo de una manera picante y capaz de producir efecto. No hablando antes de que el debate llegue a su fin, tenéis la ventaja de poder responder a todos los argumentos débiles que os hayan opuesto, y reunir todos los argumentos fuertes que estén a vuestro favor.

CCXLVII

Fijando de antemano el momento en que tengáis intención de tomar parte en la discusión o el orador a quien queráis responder, fácilmente podéis dar a una premeditada salida a escena la apariencia de haber sido hija de la ocasión.

CCXLVIII

Aguardad al momento oportuno y hablad después de una persona cuyo discurso haya sido aburrido. Parad mientes, no solo en el orador que os ha precedido, sino también en la fase y en el momento de la discusión en que debáis aparecer.

CCXLIX

Cuando un argumento os es desfavorable, pasad sobre él lo más rápidamente posible; poned entonces empeño en hacer resaltar las consecuencias que temáis para el caso de que la Cámara no siguiera vuestro parecer. Siendo problemáticas hasta cierto punto las consecuencias de toda medida propuesta, siempre podéis suponer que serán tales como las apetezcáis, según convenga a vuestra argumentación.

CCL

Ved si la objeción, conveniente en sí misma, habrá dejado de serlo por no haberse hecho en el momento oportuno: en caso de no haber quedado destruida del todo, examinad si habrá quedado debilitada. Esto último puede ocurrir, ya por haberse hecho el argumento antes de tiempo, ya por haberlo presentado harto tarde.

CCLI

Observad la marcha general de la discusión y la marcha particular de la argumentación en cada orador. Examinad qué impresión quiere producir vuestro adversario y qué medios y argumentos emplea para conseguirlo.

CCLII

En el modo como discutáis cierta cuestión ocurre a menudo que podáis hallar un punto de apoyo para justificar vuestra actitud en otro asunto; cuando este otro asunto se discuta, entonces podéis referiros a vuestra actitud anterior. Conviene seguir y descubrir en los demás oradores esta práctica de tener puestos los ojos en una cuestión diferente de la que se está tratando.

CCLIII

Al discutirse una medida cualquiera, examinad si vuestros actos pueden ser defendidos o atacados por argumentos que se saquen de vuestra conducta en otra ocasión precedente, y ved si la conducta de vuestro adversario puede defenderse o atacarse según la misma regla.

CCLIV

La impresión producida en el curso del debate es a menudo más intensa cuando insinuáis en vez de afirmar, sobre todo en materia de acusación o de vituperio; en tal caso, el procedimiento insinuativo os hace más inatacables en la respuesta.

CCLV

Cuando ataquéis a una persona o a un grupo, tratad siempre de encontrar alguna cosa digna de elogio. Así os conciliaréis, no solo las personas indiferentes, sino las personas a quienes atacáis; este procedimiento os dará un aire de imparcialidad y aumentará el peso de vuestras acusaciones.

CCLVI

Cuando puedan caber dudas acerca del valor de una palabra, explicadla por medio de otra u otras que parezcan sinónimas, pero que no lo sean.

CCLVII

Recordad en una u otra parte de vuestro discurso alguna antigua decisión del Parlamento que se refiera al asunto: esa cita da variedad y es una prueba de erudición.

CCLVIII

Determinad de antemano cuál será en sentir vuestro la parte más bella de vuestro discurso, y cuando habléis, relacionad esa parte con alguna incidencia sobrevenida en el curso de la discusión; al llegar a esa parte premeditada, titubead y pareced como que estáis cortado; emplead entonces una expresión que esté muy por encima de vuestra idea, y hecho esto, aparentad que por fin halláis como al acaso la verdadera fórmula. Este artificio produce siempre un efecto extraordinario y da a lo que decís la apariencia del *genius ex tempore.*

CCLIX

Si el asunto que se discute es de un carácter desagradable o si vuestra situación personal es difícil, no hagáis ninguna afirmación positiva, sino perdurad mientras podáis en vagas generalidades; es un arte sumo el de producir impresión sin verse atado por palabras de un sentido positivo.

CCLX

Llegad lo más rápidamente posible a lo substancial del tema; evitad, en general, toda introducción o todo preámbulo, y no dividáis nunca vuestro discurso en varios capítulos, como lo hacen los abogados. Nada disgusta tanto a una asamblea popular como un narrador que le participa su intento de hablar mucho tiempo; aun cuando tengáis ese propósito, declarad lo contrario, a fin de ganaros poco a poco los oyentes. Y si comprendéis que vuestro discurso se alarga y que vuestro auditorio empieza a cansarse, deteneos para dar excusas; así comprometeréis a vuestros oyentes a prestar atención un poco más de tiempo.

CCLXI

Examinad por separado los argumentos que tengáis intención de emplear en defensa de vuestra causa y los que probablemente servirán a vuestros adversarios contra vosotros; comparadlos en seguida, y de esa mañera os veréis en estado de reforzar los unos y refutar los otros.

CCLXII

Ved, no solo si los buenos argumentos militan en pro o en contra de la opinión que hayáis de defender en el debate, sino también si las disposiciones de la Cámara de los Comunes os son favorables o adversas.

CCLXIII

La *reductio ad absurdum* es la mejor forma de razonamiento en una asamblea pública. Por consiguiente, no basta que examinéis lo flojo de los argumentos de vuestros adversarios; también es preciso inquirir a qué absurdos puede o debe llevar esa debilidad.

CCLXIV

Considerad desde muy alto vuestro asunto; ved todos los aspectos que puede presentar. Con esa amplitud de miras llegarán a ser claras y metódicas todas vuestras ideas; y después de ese examen os convenceréis de que la mayoría de las cuestiones son mucho más restringidas de lo que parecían al principio.

CCLXV

No dejéis de ser en una u otra parte de vuestro discurso halagadores para con la Cámara, y en todas las partes de él respetuosos para con ella.

CCLXVI

Antes de entrar en materia, ved en qué terreno va probablemente a plantear la cuestión vuestro adversario; haced notar cuáles son las bases de su razonamiento y qué marcha sigue; mostrad qué dificultades evita por el modo de presentar sus argumentos y las que necesariamente le saldrían al paso si los presentase con arreglo a la verdad.

CCLXVII

Tratad de colocar vuestra causa en un terreno donde podáis evitar la mayoría de las dificultades que otros oradores encontraron.

CCLXVIII

Con frecuencia sucede que las ventajas conseguidas en la discusión provienen de que los argumentos del orador han ido uno o dos grados más lejos de lo que convendría en recta justicia; si hubiesen sido presentados con más moderación hubieran respondido casi tan bien al fin propuesto, pero no habrían causado el efecto de manifestar los absurdos del adversario.

CCLXIX

A menudo es ventajoso hacer notar cuántas veces ha cambiado la cuestión en el curso del debate y presentar esas alteraciones de una manera jocosa.

CCLXX

Fijad de una manera determinada y precisa en vuestro propio espíritu el estado de la cuestión, o por lo menos aquello que deseéis que se considere como el estado de la cuestión. Los argumentos a los cuales trataréis entonces de responder entrarán en una de estas dos categorías: «los que no son verdaderos, y, si son verdaderos, los que no están en su lugar y no se aplican a la cuestión».

CCLXXI

Las concesiones que un hombre hábil hace en la discusión son a menudo las partes más sutiles de su argumentación; si se ve en apuro hace una concesión un poco desventajosa para él, por no verse constreñido a hacer otra que lo fuese mucho más. Haréis bien en emplear este artificio en provecho vuestro; por otra parte, produciréis grande efecto si hacéis ver que vuestros adversarios lo emplean.

CCLXXII

Ni en la discusión ni en la conversación, no debéis contentaros con un solo examen del asunto: examinadlo siempre dos veces antes de expresar vuestro sentir.

CCLXXIII

Cuando es absolutamente imposible justificar a una persona o un acto sin prestarse al ridículo, solo os queda un recurso: atenuar la falta cometida, demostrar luego que el error no fue tan grave como se pretende, y que no por haber dejado de ser bueno el motivo era tan malo como se había supuesto.

CCLXXIV

Muchas veces ocurre que vuestro adversario presenta por error las cosas de una manera inexacta, cuando hubieran respondido mejor al fin propuesto si se hubiesen presentado de una manera exacta. Prodúcese buen efecto demostrando que así es y probando luego que esas circunstancias no tienen más valor de un modo que de otro.

CCLXXV

Una medida justa o injusta puede ser objeto de más o menos objeciones, según las razones que en favor suyo se aleguen; y una medida indiferente puede ser peligrosa a causa del principio en que se apoyaren para defenderla. Una medida es temporal, y el daño puede cesar con la medida misma; pero un principio permanece y se invoca en todas ocasiones en lo futuro.

CCLXXVI

Tranquilizad, halagad y alarmad.

CCLXXVII

Haced frecuentes alusiones a los principios, a los dichos y a los hechos de vuestros adversarios.

CCLXXVIII

No hay pensamiento que no pueda ponerse en ridículo, si se le aplica a propósito una imagen extravagante o una sentencia sagazmente expuesta.

CCLXXIX

Exagerad o agravad lo que se alega contra vosotros, y en seguida podréis mostrar su falsedad; o bien, atenuadlo y admitidlo después, dentro de ciertos límites, excusándose.

CCLXXX

Cuando se asienta un principio que no se aplica a la cuestión, no os limitéis a decir ni aun a demostrar que nada tiene que ver con ella;

añadid que para aplicarse al asunto, el principio debiera ser tal o cual. En seguida pondréis de manifiesto lo que el principio es o no es, manifestando lo que debería ser.

CCLXXXI

Cuando se presenta como hipótesis una alegación demasiado violenta para que vuestros adversarios se atrevan a presentarla como un hecho cierto, presentadla tal como quieren darla a entender y haced observar cuán injusto es insinuar lo que no podría afirmarse con seguridad.

CCLXXXII

Cuando una proposición se presenta con metáforas, despojadla de sus magníficos adornos y presentadla en términos sencillos. Eso os permitirá siempre combatirla más fácilmente, y, por lo común, lograréis dar a la cosa un aspecto ridículo.

CCLXXXIII

Conviene examinar si vuestra argumentación os conduce a sostener un principio general o a afirmar que es necesario apartarse de él en el caso concreto que os ocupa. En el primer caso, necesitáis sencillamente seguir el anchuroso camino de la declamación general, demostrar que es preciso atenerse a los principios generales y citar ejemplos particulares del perjuicio que causa el separarse de ellos. En el segundo caso, es menester manifestar, con ejemplos particulares, que no hay principio del cual no se hayan separado los hombres mejores de los mejores tiempos, y añadiréis que si se habla tan a menudo de principios *generales* y tan pocas veces de un principio *universal,* consiste en esa razón.

CCLXXXIV

La distribución de un asunto debe depender, dentro de ciertos límites, del carácter de ese asunto.

CCLXXXV

El método seguido por Hurd en sus *Cartas acerca de la caballería* es excelente para investigar las causas, el origen y los progresos de una ley, de una usanza, de una costumbre o de una política cualquiera.

CCLXXXVI

La brillantez de la expresión conviene a los asuntos elevados, y la sencillez natural a las cuestiones de sentimiento.

CCLXXXVII

Con reflexión y sagacidad fácilmente podéis estar a la espera y preparados contra incidentes a los cuales todo el mundo creerá que hacéis frente sin preparación. Podéis adivinar acerca de qué punto se os atacará probablemente y quién; sabréis también de antemano cómo necesitaréis defenderos y dónde son vulnerables vuestros adversarios. Igualmente, nunca se discute una gran cuestión sin una serie de pequeñas discusiones preliminares; esos debates y las conversaciones os darán ocasión para anotar casi todos los argumentos que han de presentarse en la discusión definitiva.

CCLXXXVIII

Acerca de las cuestiones que deben discutirse, preparad pequeños resúmenes adecuados a los pequeños debates de menor importancia que siempre se promueven con motivo de esas cuestiones.

CCLXXXIX

Procurad que los diferentes aspectos de vuestra argumentación sean distintos y separados, para que no dependan de ninguna manera unos de otros. De ese modo solo haréis resaltar los puntos de la cuestión necesarios en el debate y descuidaréis los otros sin inconveniente.

CCXC

Tres maneras hay de expresarse para dar variedad a un discurso. Primero: sed sencillos, pero claros y vigorosos. Segundo: emplead expresiones que aclaren el asunto por medio de alusiones a otra cuestión. Tercero: valeos de expresiones familiares y de frases corrientes, que, siendo naturales sin ser vulgares, dan facilidad y sencillez a lo que decís. Swift abunda en frases de este género.

CCXCI

Craso, en el diálogo *De Oratore*, estatuye como regla fundamental que el orador debe tener siempre aire de ansiedad y de preocupación al comenzar su discurso.

CCXCII

Si vuestros adversarios han estado en el poder, examinad las medidas que propusieron, las leyes que presentaron, las discusiones parlamentarias y los periódicos del tiempo en que estaban al frente de los negocios públicos; esa investigación os proveerá, sin duda, de muchos argumentos *ad hominem.*

CCXCIII

Hay cinco partes en la elocuencia: hallar lo que es preciso decir; disponerlo, no solo con orden, sino también con juicio; revestirlo y embellecerlo por la expresión; grabarlo en la memoria; expresarlo con gracia y dignidad.

CCXCIV

Antes de tratar el asunto mismo, esforzaos en conquistar las simpatías de vuestros oyentes; enunciad en seguida los argumentos; sostenedlos; refutad lo que se haya dicho en sentido contrario; por último, exaltad lo que esté en favor vuestro y atenuad lo que esté contra vosotros.

CCXCV

Primero, una dicción pura; en seguida, facilidad y claridad.

CCXCVI

Leyendo y escuchando, no os baste comprender el sentido de las palabras o de los escritos; habituaos también a examinar y a criticar los asertos del orador o del escritor.

CCXCVII

Cuando un argumento gana en ser reforzado con un principio, a menudo se propende a hacer que ese principio prevalezca con exclusión de todo lo demás; sin embargo, todos los principios tienen sus límites, y a poco que se restrinjan como conviene, se conforman en vez de contradecirse.

CCXCVIII

Dejad en el plan de vuestro discurso un sitio libre para que podáis responder a los ataques personales de que acaso seáis objeto; de ese modo no os veréis molesto en las otras partes de vuestro discurso.

CCXCIX

Cuando os ataquen, responded inmediatamente con alguna observación respecto al carácter, a la conducta pasada y a la situación actual del agresor. Este procedimiento siempre es de mejor efecto que la defensa propia; sin embargo, a veces es necesario que os defendáis.

CCC

En las personalidades, preferid siempre la ironía a un ataque directo y odioso.

CCCI

Enriqueced la elocuencia con alusiones numerosas y variadas.

CCCII

Cuando se pone en duda el sentido exacto de una cosa o de un hecho, recurrid vosotros mismos a los documentos originales: no os fieis de los informes de quienes pretenden haberlos examinado.

CCCIII

Siempre es sospechoso el formular primero una hipótesis y buscar después los argumentos para sostenerla. La hipótesis, como en la filosofía experimental, debe ser la natural consecuencia de los hechos alegados.

CCCIV

Las mismas causas no producen los mismos efectos sino cuando obran sobre los mismos objetos.

CCCV

Cortad con frecuencia el período oratorio y guardad para el final el sentido completo de vuestro pensamiento.

CCCVI

No confundáis los vicios de forma con los defectos que provienen del fondo mismo de la cuestión.

CCCVII

En cada argumento, considerad bajo qué falso prisma se les ocurrirá a vuestros adversarios presentarlo.

CCCVIII

Si os proponéis reglamentar o restringir alguna cosa, vuestros adversarios razonarán (y es hábil proceder así) como si tuvieseis intención de destruirla.

CCCIX

Cuando hayáis encontrado un hecho o un ejemplo particular, transformadlo en un principio general.

CCCX

Teniendo bien resuelto en vuestro ánimo lo que pretendáis, buscad un principio en el cual podáis apoyarlo.

CCCXI

Revisad a última hora vuestro discurso, para ver si los mismos argumentos producirían mejor efecto en un orden diferente.

CCCXII

Tratad de producir en el discurso algún principio de moral cuando menos se piense. Según Pope, la virtud que así se os atribuye por sorpresa produce buen efecto.

CCCXIII

Ocurre con frecuencia que quienes combaten vuestra proposición como nociva se esfuerzan en otra parte de su discurso en demostrar también que carecía de eficacia; lo cual prueba, por lo mismo, que vuestra proposición no sería nociva.

CCCXIV

Tratad de establecer una relación burlesca entre quienes, según toda verosimilitud, os buscarán una cuestión personal y una parte cualquiera del asunto de que os ocupéis.

CCCXV

Recordad jocosamente las anécdotas del día que se presten a la sátira.

CCCXVI

Además de los diversos argumentos empleados por vuestro adversario, examinad el carácter general de su discurso. Ved si el tono es presuntuoso o modesto, violento o moderado, o si las diferentes partes no tienen el mismo carácter; podéis sacar de estas circunstancias argumentos muy acertados.

CCCXVII

Si tenéis que sostener una causa que no fuera popular, tocad en vuestro discurso todos los asuntos populares y agradables de que os sea posible hablar.

CCCXVIII

Tratad siempre de encontrar un precedente algo más fuerte que la medida que vais a proponer.

CCCXIX

Si vuestro adversario hace alguna alusión inesperada y extraña al asunto, produciréis gran efecto volviéndola contra él; produciréis ese efecto examinando en seguida cuáles son las propiedades de la cosa a la cual alude, propiedades que sin duda no habrá advertido.

CCCXX

Seguid un método en vuestro razonamiento, pero evitad una regularidad afectada.

CCCXXI

Más bien suele equivocarse el alcance general del discurso de un adversario que el alcance de un aserto particular; en este último caso es más fácil advertir el error cometido.

CCCXXII

Examinad si la diferencia entre dos medidas proviene de los principios y de las circunstancias, o solo de las circunstancias, o de los principios nada más.

CCCXXIII

El concluir de exponer una idea antes de pasar a otra, da claridad al discurso.

CCCXXIV

Cuando el asunto requiere términos bajos y vulgares, el orden en que se colocan las palabras contribuye mucho a quitarlas algo de su vulgaridad.

CCCXXV

Las apariencias y las probabilidades son figuras de retórica.

CCCXXVI

Para dar variedad al discurso, no basta que los períodos sean de diferente longitud; también se necesita que se distingan por el tono y por el acento. Cuidad también de variar las formas, ya afirmando, ya interrogando, dudando o suplicando, concediendo algún punto, hablando en sentido figurado o recalcando con la acción, refiriendo, negando, vituperando, citando, excusándoos, moralizando, calculando, estableciendo principios o presentando conjeturas, empleando la ironía o el panegírico, deduciendo, doblegándoos, refiriéndoos con modestia a una elevada autoridad, hablando sucesivamente como diputado, como juez y como legislador, como viejo y como joven, como funcionario actual o antiguo, o como súbdito.

CCCXXVII

De todas las formas del discurso, la amplificación es la más adecuada para la demostración persuasiva. Tiene por concedido el principio mismo, y solo trata ya de añadirle grandiosidad y belleza. El haber obrado solo, o el primero, o con otros varios, o como jefe; el haber observado el tiempo y la sazón; el haber hecho varias veces la misma cosa, —todas estas circunstancias forman parte de la amplificación.

CCCXXVIII

Guardaos de los asertos que hacen ofensivo a un dialéctico o hasta a un simple orador.

CCCXXIX

Un crimen puede medirse por el mal que ha producido o por el número de leyes que el delincuente ha violado.

CCCXXX

En general, es buen modo de empezar el hacer presente la fase por que atraviesa el debate o el giro que lleva.

CCCXXXI

Si es verdad que deteniéndose en muchos detalles minuciosos se fatiga necesariamente al auditorio, no es menos verdadero que un discurso al que le falta cierto detalle preciso carece de interés y de eficacia.

CCCXXXII

Suele producirse buen efecto diciendo al orador del partido contrario cuáles son los puntos que hubiera debido demostrar para probar su tesis.

CCCXXXIII

Dando a una cosa cualquiera un giro enteramente inesperado, se produce un gran efecto en la discusión.

CCCXXXIV

Repasad en vuestro espíritu, por separado y desligándolas unas de otras, las partes de vuestro discurso en que hayáis buscado efectos de lógica y de elocuencia.

CCCXXXV

Independientemente de lo que tengáis que decir sobre el asunto mismo que se discute, siempre debéis en una u otra parte de vuestro discurso aludir a los diversos grupos de la Cámara, mostrando cómo obraron estos en ocasiones anteriores, cuán en contradicción está su actual conducta con los principios que profesan, y que sería censurada por los hombres de quienes pretenden ser admiradores. Este procedimiento produce un efecto tanto más seguro cuanto que se combina con el elogio y no con el vituperio.

CCCXXXVI

Si vuestro adversario trata de poneros en contradicción con vosotros mismos, ya en vuestra conducta, ya en vuestro razonamiento, recurrid en seguida a hacer una distinción.

CCCXXXVII

Casi todas las proposiciones emitidas en el discurso son verdaderas en sí, pero no lo son en el sentido que se les da. Explicando extensamente esta diferencia, el orador se coloca en uno de los mejores terrenos para la discusión.

CCCXXXVIII

Si os veis en el caso de hablar más de una vez sobre el mismo asunto, examinad las diferentes maneras cómo puede examinarse y bajo qué nuevo aspecto ha ido apareciendo desde el comienzo del debate.

CCCXXXIX

Produciréis maravilloso efecto cuando hagáis confluir al mismo punto tres o cuatro proposiciones alejadas unas de otras y que no parezcan tener ninguna relación entre sí. Tal resultado seguramente es efecto más bien del genio que de las reglas. Sin embargo, conviene tener en cuenta esta excelente regla: siempre deben examinarse los *principios* u orígenes de las proposiciones. En efecto, proposiciones muy desemejantes en apariencia son a menudo idénticas por el principio.

CCCXL

Es fácil prever el uso y la aplicación que se hará de una medida propuesta, y estar pronto a responder acerca de ella.

CCCXLI

Escuchad con atención a quienes hablen antes que vosotros en el mismo sentido: su manera de considerar la cuestión os sugerirá nuevos argumentos, y el modo vulgar como quizá digan las cosas os dará pie para decirlas de una manera más completa y más magistral.

CCCXLII

Fortaleced vuestro ánimo contra todas las impresiones que en él pudiera producir el razonamiento de vuestro adversario; prestad atención a cada silaba y no admitáis su valor sino después de un examen repetido.

CCCXLIII

Examinad bien qué proposición se ha planteado al principio de la discusión y observad si no ha sido modificada. Rara vez ocurre que un orador se atenga durante todo su discurso a la proposición misma por la cual había comenzado.

CCCXLIV

Por especial o raro que sea un tema, leyendo catálogos podréis hallar siempre un libro que os dé materiales para el estudio de esa cuestión.

CCCXLV

La exactitud de una proposición lo mismo puede resultar de los discursos del adversario que de los razonamientos del defensor.

CCCXLVI

Ved cómo podéis dar aspecto de respuesta improvisada al discurso que hayáis premeditado. Si lo conseguís desde el comienzo de vuestro discurso, llegaréis muy pronto y de una manera natural a los argumentos que hubieseis preparado.

CCCXLVII

Ningún asunto es tan poco popular que, tras cuidadoso examen, no podáis hallar una base popular en que apoyarlo.

CCCXLVIII

Ordenad y reunid todos los argumentos que hayáis oído presentar fuera de la Cámara acerca del asunto que se discute: de seguro, la mayoría de esos razonamientos aparecerán desde el principio de la discusión. Perfeccionad desde luego los que os fueren favorables y preparaos para responder a los que os fueren adversos.

CCCXLIX

Así como siempre hay un aspecto bajo el cual puede presentarse con ventaja un asunto, siempre hay otro aspecto bajo el cual se le puede presentar de una manera contraria.

CCCL

Notad los argumentos débiles expuestos durante el curso del debate y responded a ellos. En cuanto a los argumentos fuertes, dejadlos abandonados a sí mismos.

CCCLI

Que vuestro principal o principales argumentos sean puestos de relieve lo más a menudo posible, de frente o de soslayo.

CCCLII

Si vuestro adversario emplea la burla para producir confusión, decid que vais a separar lo jocoso del argumento, y hacedlo: así se verá que lo uno y lo otro carecen de valor.

CCCLIII

Si se presenta buena ocasión, haced ver que todos cuantos hablan ese lenguaje hablarían otro muy diferente en otras circunstancias; haced resaltar en seguida la diferencia entre sus caracteres y su manera de hablar.

CCCLIV

Sucede a menudo que un asunto frívolo en sí da lugar incidentalmente a una discusión muy seria. Es hábil relacionar con el primitivo asunto ligero las calamidades anunciadas en el grave debate incidental.

CCCLV

Acontece a menudo defender una tesis frívola apoyándose en principios muy propios para alarmar.

CCCLVI

Muchas proposiciones fracasan por la menor, cuando la tesis es especial. Entonces se debe salir por la tangente, y en ese caso importa dar pruebas de habilidad.

CCCLVII

Cuando la cuestión os es desfavorable, arriesgáis mucho menos respondiendo a los argumentos débiles y poco concluyentes de vuestro adversario, que presentando razonamientos propios en apoyo de vuestra tesis.

CCCLVIII

Si no encontráis el argumento que convenga para la cuestión, tratad de cambiarla poco a poco introduciendo en el debate cuestiones similares.

CCCLIX

Examinad los argumentos que existan en pro y en contra. Los hay buenos y malos, en ambas clases; reunidlos, para valeros de unos y contestar a los otros.

CCCLX

Como plan de respuesta debilitad y depreciad vosotros mismos (pero con precauciones) algunos argumentos de los cuales podéis estar de antemano seguros de que serán recogidos, y que estaréis preparados para defender bien en vuestra réplica.

CCCLXI

Existen no pocas metáforas muy comunes; con mucha facilidad podréis hacer que se tomen a risa, cuando las emplea un orador harto habituado a hablar en estilo metafórico.

CCCLXII

Hay siete accesorios, llamados vulgarmente circunstancias: *quis, quid, ubi, quibus, auxiliis, cur, quomodo, quando.*

CCCLXIII

Ved si una palabra tiene varios sentidos y si podréis emplearla con ventaja, ya en uno, ya en otro; observad si vuestros contradictores emplean este artificio.

CCCLXIV

Definir es indicar las diferentes ideas simples de que está formada una idea compuesta, a fin de explicarla. Hacer una definición es señalar en qué es semejante la cosa definida a otras cosas y en qué difiere de ellas.

CCCLXV

Muchas veces importa para la discusión examinar si una palabra tiene un sentido que le dé el uso general y otro especial sentido dado por un autor particular en una ocasión particular o en un discurso particular.

CCCLXVI

De la definición se puede también decir que es la enumeración de los atributos principales de una cosa: podéis enumerar los atributos que hagan al caso y suprimir los demás.

CCCLXVII

Las definiciones suelen pecar de dos maneras: o no lo abarcan todo, o no son exclusivas del objeto definido. *Neque omni, neque soli.*

CCCLXVIII

Un filósofo define secamente, por géneros y diferencias; la definición de un orador es más bien una descripción. Las hay de cinco clases: la primera está tomada de las partes de que una cosa se compone; la segunda, de los efectos que produce; la tercera manifiesta lo que una cosa no es; la cuarta indica sus accesorios; la quinta procede por semejanzas y por metáforas.

CCCLXIX

Puede emplearse (y también revelarlo cuando vuestros adversarios recurran a él) un artificio que consiste en buscar un personalismo o provocar un altercado para distraer así, del verdadero asunto que se litiga, la atención de la Cámara.

CCCLXX

Hasta cuando se trata de cuestiones consideradas como muy serias y conmovedoras, siempre hay alguien que hable de ellas en tono frívolo y manifieste así que no concede ninguna importancia a esas cuestiones.

CCCLXXI

La cuestión más difusa y más compleja puede examinarse según métodos y principios diversos; y puede descubrirse la verdad de una manera, cuando no se la había podido descubrir de otra.

CCCLXXII

Sea cual fuere el principio o la medida objeto del debate, hallaréis méritos y defectos; su mérito relativo y no su perfección absoluta, es lo que constituye la verdadera cuestión.

CCCLXXIII

Cuando vuestros argumentos son numerosos es muy necesario, y cuando no lo son puede ser útil, inquirir qué reflexiones generales pueden presentarse al principio como premisas del conjunto de la cuestión, y examinar después qué observaciones especiales se aplican a una parte solamente de la cuestión.

CCCLXXIV

Sea elegante y sencilla la exposición de los hechos, sólido y poderoso vuestro razonamiento.

CCCLXXV

Cuando se os acuse de defender vuestra proposición con demasiada vehemencia o cuando vuestro adversario exponga de antemano que cabe esperar que no la defenderéis de tal o cual manera, defendedla del modo como supongáis que vuestro adversario desee vérosla defender; exagerando este procedimiento, produciréis un efecto muy divertido.

CCCLXXVI

No permanezcáis nunca en el terreno de las generalidades, cuando os sea posible colocaros en el de los hechos precisos; cuando digáis que un hecho se ha producido de tal o cual manera, indicad bien en qué circunstancias.

CCCLXXVII

En todas las cuestiones constitucionales, consultad el libro de los Estatutos, para el reinado de Carlos I, la Restauración y la Revolución (de 1863) y la ley de sucesión para el reinado de la reina Ana; no hay cuestiones importantes acerca de las cuales no encontréis en uno u otro de esos documentos un texto de ley.

CCCLXXVIII

Lo que precede debe servir de introducción a lo que sigue, y lo que sigue debe reforzar y probar lo que precede.

CCCLXXIX

Primero una expresión familiar, con una perífrasis; después una expresión elevada, con una agudeza.

CCCLXXX

Siempre que hay controversia, preguntad si el debate versa sobre el principio general o sobre la distinción particular.

CCCLXXXI

Cuando admiréis una cosa o la admiren otras personas, examinadla con cuidado y ved exactamente qué provoca la admiración, si es la elocuencia, el estilo, el carácter o la conducta. Solo por el conocimiento del principio es como conseguiréis imitar bien el objeto de vuestra admiración.

CCCLXXXII

Para los principios y el gobierno de las pasiones, consultad la *Retórica* de Aristóteles.

CCCLXXXIII

La elocuencia consiste en concebir con la mente una idea clara; expresarla con la palabra y *adecuarla al auditorio;* esta última condición, que es muy variada, depende de los tiempos, de las personas, de los lugares y de las cosas.

CCCLXXXIV

La retórica es el poder o la facultad de descubrir en cada asunto lo que es a propósito para persuadir.

CCCLXXXV

La razón puede convencerse de tres maneras: por el carácter del orador, por las disposiciones del oyente y por la fuerza de la demostración.

CCCLXXXVI

El legislador falla sobre cosas venideras, y el juez sobre cosas pasadas; pero un discurso completo debe tratar de las cosas pretéritas y de las cosas futuras.

CCCLXXXVII

Dividiendo un asunto en gran número de partes, se parando luego y marcando con detalles precisos cada circunstancia particular, se da a ese asunto una apariencia más imponente; la oportunidad, la edad, el tiempo, el lugar y la fuerza son circunstancias que es útil advertir.

CCCLXXXVIII

Cuando tratéis de un determinado asunto, podéis exponer otros que se relacionen con la cuestión principal o que resulten de ella. Este procedimiento da variedad a la discusión, sin quitarle nada de su fuerza.

CCCLXXXIX

Nada produce un efecto tan grande en el discurso, como hacer que del asunto mismo surja un sentimiento moral.

CCCXC

Para ganarse la confianza, importa mostrar que vuestro interés personal es idéntico al de vuestro auditorio, pero contrario a la teoría que defendéis.

CCCXCI

La cólera es un disgusto que proviene de una ofensa inmerecida hecha a vosotros mismos o a vuestros amigos; por tanto, para excitar la cólera es preciso mostrar la injusticia de la ofensa.

CCCXCII

Para calmar la ira es preciso mostrar (según los casos) que quienes provocaron la irritación de vuestros oyentes deben ser temidos o reverenciados, que tienen títulos para la estimación de todos, que ofendieron involuntariamente o que les pesa lo que han hecho.

CCCXCIII

Una sentencia a la cual se añade la causa y el por qué, es un entimema.

CCCXCIV

En las lamentaciones o en la amplificación es donde sobre todo debe hablarse de una manera universal de lo que no es universal.

CCCXCV

Para agradar a vuestros oyentes, decid de una manera *general* lo que responde a sus sentimientos *actuales;* por tanto, debéis examinar el estado de ánimo del auditorio.

Las sentencias que expresan verdades *generales* dan al discurso un gran aspecto de moralidad.

CCCXCVI

No habléis de todas las eventualidades probables, sino tan solo de los hechos ciertos y probados.

CCCXCVII

Cuando más se relacionan los asertos con el asunto más *propios* son de él y menos comunes. Las cosas comunes son *las que un asunto poseen,* pero que también *otros asuntos las poseen;* las cosas *propias del asunto* son aquellas que son peculiares suyas y solo de él. Estas últimas tienen un alcance real; y la cosa más apremiante y que más importa conocer en un asunto son los detalles por los cuales difiere de todos los demás asuntos.

CCCXCVIII

Las cosas dichas con mayor precisión son las más visibles para el oyente.

CCCXCIX

De todos los silogismos, los más fastidiosos son los que no parecen claros desde el principio.

CD

Es un error el amplificar antes de haber dado una demostración del asunto.

CDI

Los circunloquios son útiles para engañar a vuestros oyentes, pero no sirven nada más que para eso.

CDII

Si es necesario que seáis prolijos, emplead la *razón* de la cosa en vez de la cosa misma; en el caso contrario, nombrad la *cosa*. Entiendo por la *razón de la cosa* una descripción de sus propiedades.

CDIII

Las partes del discurso son: el exordio, la tesis, la demostración y el epílogo.

CDIV

El exordio sirve para hacer conocer el propósito del discurso; si el discurso ha de ser corto y su objeto es conocido, huelga el exordio. También sirve para rechazar la calumnia, ya provenga del mismo orador, ya del oyente, del asunto o del adversario.

CDV

La defensa debe separar todos los obstáculos en el comienzo del discurso. La acusación debe insistir en sus cargos en el epílogo, a fin de que los oyentes conserven muy fresca la memoria de ellos.

CDVI

Se mantiene la atención del auditorio diciéndole grandes cosas, cosas a propósito, cosas que asombren y cosas muy divertidas.

CDVII

En la defensa, he aquí el objeto de la controversia: la cosa de que se acusa no ha sido cometida, no es nociva, no es injusta, o no lo es tanto como se pretende.

CDVIII

La peroración prepara al oyente a formarse buen concepto del orador y mala opinión del adversario; permite amplificar o atenuar, conmover las pasiones y refrescar la memoria.

CDIX

Por la persuasión, el orador exhorta a elegir, hablar u obrar, manifestando que lo que aconseja es justo, legal, útil, honesto, agradable y fácilmente realizable. Cuando disuade, el orador logra su objeto mostrando lo contrario.

CDX

He aquí lo provechoso: el mantenimiento de las ventajas presentes, la adquisición de las ventajas que faltan, el apartamiento de los inconvenientes actuales o que amenazan.

CDXI

Para combatir un proyecto de modificaciones constitucionales, alegad que es injusto cambiar la Constitución establecida; para defenderlo, decid que el hecho de ampliar lo que ya existe no es derogar la Constitución vigente, sino perfeccionarla.

CDXII

Para combatir una alianza, demostrad que es inútil, y sobre todo en los actuales momentos; que la nación con la cual hay el propósito de tratar, no es digna de confianza; que alimenta antiguos rencores contra vuestro país; que está alejada de él por la distancia, y es incapaz de acudir a nuestro auxilio en el momento oportuno.

CDXIII

Para recomendar la guerra decid que, por efecto de ciertas circunstancias, ha llegado el momento de vengarnos de quienes nos han ofendido; de defender a nuestros aliados, injustamente atacados; de obrar en pro del bien público; de adquirir honra o provecho. Alegad cuantos motivos podáis; manifestad que todas las circunstancias que pueden hacer favorable una guerra parecen estar de parte nuestra, como, por ejemplo, la suerte, la superioridad del número, la riqueza, generales prudentes, aliados sólidos, el buen estado de las plazas de guerra; despreciad las fuerzas de nuestros adversarios y exagerad las nuestras.

CDXIV

Para combatir la guerra, demostrad que las ofensas alegadas son mínimas o nulas; que la guerra nunca es ventajosa. Recordad las calamidades que de ella resultan, generalmente; decid que aún serían más temibles en estas circunstancias; demostrad que todas las ventajas están de parte del enemigo.

CDXV

Para hacer cesar una guerra afortunada, decid que un Gobierno prudente no aguarda a la mala suerte para dejar la lucha, sino que se aprovecha de la victoria para concertar la paz. Demostrad las numerosas y terribles alternativas que suele haber en la guerra, y que son más especialmente probables en el momento en que habláis.

CDXVI

Para hacer cesar una guerra desgraciada, mostrad no solo cuánto puede aún padecer el país, sino sobre todo cuánto ha sufrido ya; decid que más vale ceder una parte que arriesgarlo todo. Exponed que las peticiones del enemigo son justas; que arriesgamos malquistarnos con nuestros aliados si no hacemos la paz; que están fatigados de la guerra; que temen a nuestros adversarios, y que no están de acuerdo entre sí.

CDXVII

Antes de apoyar o de combatir lo que alega un orador, examinad con qué intención y en qué circunstancias ha hablado.

CDXVIII

Sucede a menudo que un orador que persigue un propósito se imagina que ya ha logrado que se le concedan numerosos puntos; y, sin embargo, no hay nada de eso.

CDXIX

La animación es la primera cualidad de la elocuencia, dice Quintiliano.

CDXX

Medios indispensables: primero la memoria, después la imitación.

CDXXI

El entimema es el silogismo de la retórica.

CDXXII

La exposición clara y precisa del asunto es otro medio indispensable. Un orador debe prepararse por asuntos de carácter general.

CDXXIII

La narración no debe ser seca y árida, ni demasiado florida.

CDXXIV

Al comenzar el discurso, tratad de decir algo que os atraiga las simpatías del auditorio.

CDXXV

Interesa al orador tener siempre una apariencia modesta.

CDXXVI

La retórica sería muy fácil si pudiera contenerse en una sola regla; pero el orador debe tener, ante todo, un ingenio inventivo que sepa variar sus procedimientos según las causas, las coyunturas, las ocasiones y las relaciones.

CDXXVII

A menudo es posible decir las cosas con una ambigüedad bastante calculada para que puedan dar margen a interpretaciones, no solo diferentes, sino casi opuestas.

CDXXVIII

Al exponer, sed sencillos y claros, al argumentar, agudos y enérgicos; en los comentarios, justos y elegantes; en la elocuencia, vehementes y patéticos.

CDXXIX

Para atacar lo que otros han dicho o para defender lo dicho por vosotros, omitid o añadid una palabra; o bien poned una palabra en vez de otra, un poco más moderada o un poco más enérgica, según el fin que persigáis.

CDXXX

Las ambigüedades más seguras y más hábiles son aquellas que resultan del giro de toda la frase y no de una palabra en particular.

CDXXXI

El sentido primitivo de una palabra, el sentido que se le da por un momento y el sentido popular: todos deben examinarse según la ocasión.

CDXXXII

Para desarrollar bien un período elegid y desarrollad un hecho accesorio y volved luego al asunto principal del período.

CDXXXIII

La retórica tiene cinco partes: la invención, la disposición, la alocución, la memoria y la expresión.

CDXXXIV

En la retórica es preciso alabar o censurar, persuadir o disuadir, atacar o repeler.

CDXXXV

La retórica es el arte de explicar, exagerar o disminuir, el arte de calmar, conciliar o excitar las pasiones.

CDXXXVI

Tres cosas hay que hacer: instruir, conmover y agradar. Y cuando pueden excitarse las pasiones, prodúcese grande efecto.

CDXXXVII

Siempre debe examinarse si la cuestión es *general o particular;* necesariamente es lo uno o lo otro. En una cuestión particular no basta tratar la cuestión general; y, sin embargo, si no se trata la cuestión general, no se puede tratar la cuestión particular. Tres casos pueden acontecer: ¿Ha ocurrido algo? ¿Qué ha ocurrido? Y ¿de qué naturaleza era la cosa ocurrida?

CDXXXVIII

Para los asuntos que contengan un elogio o una censura personales, véase a Quintiliano.

CDXXXIX

En el vituperio, descubrid cuáles son los sentimientos íntimos de vuestros oyentes para conformaros con ellos. Siempre se es oído con gusto cuando se halagan las opiniones de su juez.

CDXL

Hacer comparaciones cabales y llegar a conclusiones exactas, es razonar con solidez.

CDXLI

Las pasiones que habitualmente es preciso mover, son: el resentimiento, el temor, el deseo, la esperanza y el odio.

CDXLII

Persuadiendo y disuadiendo, es necesario considerar tres cosas: el asunto de la deliberación, el carácter de quienes deliberan y el de la persona que habla.

CDXLIII

La obra de persuadir está toda ella en la comparación de una circunstancia con otra.

CDXLIV

La consideración de lo útil puede conducir a tener en cuenta la ocasión, el lugar, las personas, la manera, las proporciones; y todas estas circunstancias, no menos que las condiciones de las partes, deben tenerse presentes, tanto en la jurisprudencia como en su aplicación.

CDXLV

Las partes persuasivas de la elocuencia, deben adornarse de sentimientos, pero no recargarse de palabras.

CDXLVI

Se ataca y se repele en el exordio, en la exposición, en la demostración, en la refutación, en la peroración y hasta en las digresiones en que el asunto mismo nunca puede perderse de vista por completo.

CDXLVII

Es preciso que el orador examine, ante todo, la naturaleza y el tema principal de su causa, los puntos dificultosos, lo que conviene establecer y lo que importa refutar (anotando todo esto por separado); en seguida examinará cómo puede exponerse más favorablemente la causa. Para ello, debe conocer toda la fuerza y toda la extensión de la causa. Por último, debe considerar por qué procedimientos puede granjearse la simpatía de los jueces, y qué disposición de ánimo debe inspirarles, si severidad, benevolencia, resentimiento, calma, inflexibilidad o clemencia.

CDXLVIII

Algunos autores piensan que el exordio debe componerse en último lugar. En efecto, conviene que el orador, antes de comenzar, haya reunido todos sus materiales y que se sepa exactamente el fin que con cada uno de ellos es preciso alcanzar.

CDXLIX

Examinad primero si conviene negar, justificar o distinguir el asunto con una denominación diferente que altere su naturaleza, o advertir algún defecto de forma.

CDL

No hay cuestión que no conduzca naturalmente a ciertas ideas naturales: conviene examinarlas.

CDLI

Ved bien cuál es el punto que ha de juzgarse, el medio de defensa y el principio con arreglo al cual será juzgada la causa.

CDLII

Si el orador domina el punto litigioso, las cualidades de la causa, los argumentos de su adversario como sus propios argumentos, y si ha discernido bien dónde debe llegar el gran esfuerzo de la cuestión, el orador es dueño del debate entero.

CDLIII

El preámbulo tiene por objeto hacer al oyente benévolo, atento y dócil.

CDLIV

La benevolencia se hace nacer de las personas o de la naturaleza de la causa.

CDLV

Si vuestro adversario es poderoso, hacedlo odioso; si es débil, menospreciable; si malo, aborrecible.

CDLVI

Alabad al juez, enlazando sus méritos con el interés de la causa.

CDLVII

Descubrid exactamente la disposición de ánimo de vuestros jueces, para aprovecharla si os es favorable y para modificarla si os es adversa.

CDLVIII

Si la causa misma os diere argumentos para granjearos el favor de vuestros jueces, esos argumentos deben colocarse en el exordio.

CDLIX

En el exordio es preciso tocar ligeramente las pasiones; en la peroración es preciso removerlas con la mayor fuerza posible.

CDLX

En el discurso, cierta manera desenvuelta de hablar, aunque ordinaria, es muy a propósito para predisponer en favor vuestro, y sería gran torpeza descuidarla.

CDLXI

Enlazad, si podéis, los intereses de vuestra causa con los de vuestros jueces, y así conseguiréis remover todas las pasiones.

CDLXII

Nada hay más falible que el testimonio de un solo sentido: es necesario comprobar ese testimonio con el de los demás sentidos.

CDLXIII

Examinad primero el asunto, y después el modo de adornarlo.

CDLXIV

Si no podéis combatir una afirmación tal como la hizo vuestro adversario, ved si podéis lograrlo por medio de una ligera alteración en la forma o en el fondo.

CDLXV

Cuando este procedimiento pueda favorecer a vuestra causa, mostrad exactamente los puntos acerca de los cuales todo el mundo está de acuerdo, y limitaos a enumerar aquellos en que diferís. Hasta podéis omitir por completo alguno de estos.

CDLXVI

Antes de comenzar, tratad de reconocer bien toda la marcha y toda la extensión de vuestro discurso.

CDLXVII

Ved si por un cambio de palabras podéis agravar las acusaciones que dirijáis, y atenuar los cargos alegados contra vosotros; si no podéis conseguirlo por medio de una palabra, hacedlo por medio de una perífrasis.

CDLXVIII

Determinad en qué momento del discurso responderéis a lo que aleguen vuestros adversarios, y animad el que hayáis preparado con frases y alusiones hechas por miembros de la Cámara.

CDLXIX

Exponer desde el comienzo del discurso las diferentes acusaciones de que pueda ser objeto el orador, es un procedimiento a menudo ventajoso para el buen desarrollo del asunto; es fácil prejuzgar esos cargos.

CDLXX

Nunca tema el orador dar demasiada fuerza a un argumento, ni expresar con sobrada delicadeza las reflexiones o impresiones referentes a las personas.

CDLXXI

Si vuestra causa es harto mala, llamad en vuestra ayuda a todo vuestro partido; si lo malo es el partido, apelad en vuestro auxilio a la causa; si ambos son malos, ofended al adversario.

CDLXXII

Si es imposible negar un cargo, es preciso atenuarlo; decid que no se aplica a la cuestión actual, que el arrepentimiento puede redimir la culpa, que esta ya se ha expiado lo suficiente.

CDLXXIII

Aceptando una insignificante acusación que se os dirija, ganaréis bastante crédito para poder rechazar los cargos esenciales.

CDLXXIV

Hay dos clases de argumentos: primero, decir lo que no se haya dicho; segundo, decir con más fuerza lo que ya se hubiere dicho. Si os encontráis débiles en el primer punto, prestad toda vuestra atención al segundo.

CDLXXV

Cuando expongáis el asunto, podéis omitir algunas circunstancias irritantes; pero debéis conservar las suficientes para que no se perciba el artificio. También podéis agregar circunstancias que solo de un modo indirecto se relacionen con el asunto.

CDLXXVI

Tened un conocimiento particular de todas las circunstancias relativas al asunto, y un conocimiento general de todos los asuntos que se refieran al o se relacionen con el vuestro.

CDLXXVII

Haced gala de vuestros conocimientos generales y especiales: de vuestro talento de argumentación, yendo a buscar muy lejos razones probatorias; de vuestro talento de distinción, separando las circunstancias que parezcan semejantes; de vuestro talento patético, descubriendo en vuestro asunto los motivos más conmovedores.

CDLXXVIII

Si vuestro adversario establece un principio que tengáis la obligación de poner en duda y no podáis negarlo en absoluto, no lo admitáis sino *sub modo* y con modificaciones; mostrad también que ese principio, aunque sea exacto, no lo es más que aplicándolo a otros asuntos.

CDLXXIX

No tengáis ningún hecho por asentado; *examinad* cada hecho, aun cuando esté reconocido por la generalidad o universalmente aceptado. No tengáis por concluyente ningún argumento; por mucha fuerza con que se afirme, sondeadlo y discutidlo.

CDLXXX

Es muy raro que el orador siga exactamente el método que tenía la intención de seguir, y que evite lo que en el comienzo del discurso tuvo el propósito de evitar.

CDLXXXI

Examinad cuáles son las partes de vuestro discurso que respondan a las prevenciones de vuestros oyentes; entonces podréis ya considerarlas como admitidas, ya desarrollarlas con ventaja.

CDLXXXII

Antes de componer vuestro argumento, interrogaos acerca de lo que tenéis intención de probar; establecedlo claramente en vuestro espíritu; determinad en seguida qué medios debéis emplear para conseguir vuestro objeto, qué objeciones se os harán probablemente y por qué procedimientos podréis deshacer esas objeciones.

CDLXXXIII

Distinguid con claridad en vuestro espíritu los argumentos que se aplican directamente a la cuestión y los que son de una naturaleza más general.

CDLXXXIV

Ciertos argumentos se le ocurren al orador por el hecho de que los de la parte contraria no se han presentado en el momento oportuno en la discusión.

CDLXXXV

Exponer en qué puntos está de acuerdo todo el mundo y mostrar luego que la discordancia estriba en puntos poco numerosos, no es mala manera de hacer un exordio.

CDLXXXVI

Cuando se censure vuestra conducta, mostrad lo que vuestro adversario hubiera censurado sin duda si vuestra conducta hubiese sido diferente u opuesta.

CDLXXXVII

Examinad cuáles son las partes del asunto que permitan alusiones picarescas a las personas y a las cosas, etc.

CDLXXXVIII

A veces es útil marcar por qué diferentes fases pasó el debate; con frecuencia es un feliz exordio.

CDLXXXIX

Dividid vuestro discurso en partes distintas.

XD

Examinad si podéis tratar el asunto de otra manera y mejor que quienes ya lo han tratado.

XDI

Tomad nota de todas las exageraciones.

XDII

Un epíteto vigoroso y bien característico del asunto produce siempre buen efecto.

XDIII

Advertid cuántos hechos controvertidos se toman sin razón por hechos probados y admitidos como verdaderos principios.

XDIV

Comenzad por un exordio para granjearos el entendimiento y el corazón de los oyentes.

XDV

Exponed el punto que se discute con claridad, pero con arte; presentad en seguida vuestras pruebas y luego vuestros argumentos; después pronunciad vuestra peroración, en la cual recapitularéis de una manera sucinta todo lo que milita a vuestro favor. Tras reforzar las partes sólidas y deslizarse sobre las partes débiles, adheríos a las pasiones del auditorio, a su orgullo, a su compasión, a su ambición, a sus pasiones predominantes, sean cuales fueren; estén de vuestra parte esas pasiones, y no tendréis ya que temer a la razón de la asamblea.

XDVI

Distinguid el origen, la certidumbre y la extensión de vuestro conocimiento, así como vuestros motivos de creencia, de opinión y de asentimiento.

XDVII

Es inútil advertir la diferencia entre la opinión y el conocimiento.

XDVIII

Razonar es deducir verdades desconocidas de principios y de proposiciones que ya se conocen.

XDIX

Percibid, comparad, concluid.

D

Preguntaos siempre si el principio establecido por vosotros mismos o por otros no va más allá del fin que se persigue.

DI

En cada controversia, examinad primero si la cuestión no es más que un asunto de comparación, y después si las personas que discuten comparan entre sí los mismos objetos u objetos muy diferentes.

DII

Someted vuestro razonamiento a la prueba de un severo análisis y examinad también los argumentos de vuestros adversarios.

DIII

Diez categorías: *substantia, qualitas, quantitas, relatio, actio, passio, quendo, ubi, situs, habitus.*

DIV

No presentéis vuestro razonamiento en forma de silogismo, pero tened una especie de plan silogístico.

DV

Tened una idea muy clara de la proposición que queráis demostrar y de los argumentos en que deba fundarse; examinad a qué parte de la discusión (mayor, menor o conclusión) se refiere tal o cual parte del discurso.

DVI

Reduciendo un razonamiento a un silogismo, vemos sus partes en miniatura; entonces discernimos lo que es propio del razonamiento y lo que solo se emplea para pompa y ostentación.

DVII

Sea cual fuere el asunto que tratéis, tomad vuestro razonamiento, ya de la naturaleza más general o más especial de vuestro asunto, ya de alguna circunstancia particular que se refiera a este asunto esencialmente, accidentalmente o por vía de consecuencia.

DVIII

Es necesario *definir* con exactitud, *dividir* con regularidad el asumo, *distinguir* las diferentes partes de la proposición, hacer un silogismo.

DIX

A veces es necesario, no solo manejar un asunto, sino crearlo, a la manera de las arañas, que de sí mismas sacan la tela que tejen.

DX

Al examinar un asunto, no solo consideréis la cuestión misma, sino mirad también a derecha e izquierda, y asociad de este modo a vuestro asunto todo lo que tenga con él una relación necesaria o natural.

DXI

Reunid primero las ideas que se enlazan por un vínculo *cualquiera* con el asunto, y colocadlas luego según el orden y el grado de su relación.

DXII

La asociación de ideas es provocada igualmente por la semejanza y por la desemejanza. La mención de un suceso nos hace pensar en otro suceso parecido (o enteramente contrario) por el origen, el carácter, las circunstancias y las consecuencias.

DXIII

No dejéis nunca perder de vista el punto principal que queráis probar, ni vuestro mejor argumento. *Inculcanda, repetenda.*

DXIV

Tened en cuenta no solo los argumentos débiles de vuestros adversarios, sino también los argumentos sólidos de vuestros amigos, y sacad partido de ellos.

DXV

En vez de negar en absoluto la tesis de vuestro adversario, si la causa lo permite, podéis admitirla hasta cierto punto; proponiéndoos así demostrar ora que el principio solo es verdadero dentro de ciertos límites, ora que se le quiere hacer probar demasiado, quitáis al argumento toda su fuerza sin ofender a vuestro adversario.

DXVI

Antes de pensar en las palabras, fijad claramente todas vuestras ideas desde el comienzo hasta el fin.

DXVII

No es difícil formarse de antemano una idea general de los argumentos de la parte contraria: es preciso pasarles revista y examinarlos.

DXVIII

Cómodamente podéis adivinar por qué argumentos os responderá el adversario: examinad de antemano sus respuestas y preparaos a refutarlas.

DXIX

No perdáis nunca ninguna ocasión natural de elogiar a la asamblea a quien os dirigís, o (aún mejor) a los hombres que componen la asamblea.

DXX

Tomad vuestras alusiones y vuestros ejemplos de los hombres, libros y cosas, a las palabras, a los escritos y a los actos que se refieren a la cuestión.

DXXI

Si podéis hacerlo sin inconveniente, admitid lo que dice vuestro adversario y haced ver que eso no prueba absolutamente nada. Los oradores tienden casi siempre a exponer, no argumentos concluyentes en cuanto al asunto que se discute, sino ideas que solo tienen el ser exactas en sí. El simple buen sentido basta para emitir las ideas exactas; para presentar argumentos probatorios, es preciso una razón superior.

DXXII

No os satisfagáis con descubrir un argumento, sino además, para aumentar su valor, buscad la mejor manera de emplearlo.

DXXIII

A menudo puede sacarse un argumento importante del *orden* según el cual han ocurrido los hechos y se han votado las leyes. Lo que se ha dejado de decir o hacer, suele arrojar viva luz sobre lo que se ha dicho o hecho en realidad.

DXXIV

Transformad un caso aislado en un principio general, y si no descubrís ningún caso aislado, haced uso de un caso supuesto. Si vuestros adversarios emplean esta táctica, es necesario ponerla de manifiesto y mostrar cuál es verdaderamente el principio general.

DXXV

Si podéis, mezclad algunos incidentes respecto a circunstancias locales o asuntos del día; este procedimiento da un aire natural al discurso.

DXXVI

Declarad con toda la apariencia de la sinceridad, que la parte del discurso de vuestro adversario que estáis seguros de poder refutar es la parte más fuerte de su argumentación.

DXXVII

Al argumentar, para alcanzar el fin propuesto, suele sostenerse primero una interpretación estricta y después una interpretación libre.

DXXVIII

Cuando se presenta una proposición con el intento claramente anunciado de dar fuerza a la libertad o a la autoridad, mostrad con un ejemplo particular que precisamente su destino es perjudicar al régimen que se pretende favorecer, sea la autoridad, o sea la libertad.

DXXIX

Animad el discurso con algún argumento sacado de la cuestión del día o con alguna alusión a un acontecimiento que haya sido objeto de recientes conversaciones o discusiones.

DXXX

Examinad primero lo que *debe* decirse acerca del asunto que se discute, y luego lo que *puede* decirse. Cuando hayáis formado y concluido entonces vuestro argumento según el plan que os propusisteis, podéis buscar fuera de él las ideas que tengan alguna relación, si no necesaria, por lo menos natural, con el asunto.

DXXXI

En cada discurso, mostrad que sobresalís en el arte de descubrir la verdad y en el de hacer visible el error.

DXXXII

Es preciso buscar el error en el teorema, en el silogismo, en la proposición y hasta sencillamente en las expresiones (que empleó vuestro adversario).

DXXXIII

Puede haber contradicción en las partes y error en las palabras, en los principios, hechos, deducciones o escolios,

DXXXIV

Toda afirmación debe fundarse en una verdad intuitiva.

DXXXV

En los razonamientos de la vida común, lo esencial es aplicar verdades generales a casos particulares.

DXXXVI

Lo dudoso, pero favorable, considérese como un hecho probado; lo claramente desfavorable, decláreselo dudoso.

DXXXVII

No haciendo suficiente número de partes (en el discurso) se dificulta la tarea de la inteligencia; haciendo excesivo número de ellas se recarga la memoria.

DXXXVIII

Las palabras tienen con frecuencia más de un sentido, y son verdaderas o falsas según el sentido con que se tomen.

DXXXIX

Observad a qué falsas interpretaciones pueden prestarse más fácilmente y con mayor naturalidad un hecho o un argumento; y haced ver esas contradicciones cuando vuestro adversario incurra en ellas.

DXL

En todos los asuntos, pero principalmente en los relativos a la Constitución, consultad, no solo los autores conformes con vuestras teorías, sino también y más que nada, los que defienden principios contrarios: una confesión hecha por estos tiene gran peso.

DXLI

El tono puede ser familiar, solemne o patético.

DXLII

Cuando se os acusa de caer en un extremo, demostrad que no es menos peligroso que el extremo opuesto; por ejemplo, en las cuestiones de dotación de la Casa Real, que un rey necesitado es preferible a un rey rico.

DXLIII

Evitad con cuidado todas las locuciones locales, técnicas y profesionales.

DXLIV

No os limitéis a sostener una tesis, sino buscad con empeño el modo de sostenerla con lucimiento. No se conquista el elogio sino adelantando las cosas uno o dos puntos más que lo hicieron los precedentes oradores.

DXLV

En la mayoría de los casos es preciso comparar no lo bueno con lo malo, sino lo malo con lo malo; entonces es menester aceptar el mal menor. Si no podéis conseguir todo el bien, a lo menos tratad de lograr una parte.

DXLVI

Cuando los pintores conciben un asunto, hacen primero numerosos bocetos y después un dibujo completo del conjunto; tras esto, hacen un dibujo más correcto de cada parte por separado, cabezas, manos, pies. Solo entonces cogen los pinceles y retocan todo ello.

DXLVII

Concentrad vuestros esfuerzos en el punto donde estriba la verdadera dificultad; no los malgastéis en algún asunto accesorio y que apenas tenga relativa importancia.

DXLVIII

Además de la belleza que se saca de cada parte considerada por separado, es preciso sacar una belleza adicional de la manera como están dispuestas esas partes; por tanto, conviene ordenar el plan general con mucho cuidado.

DXLIX

Advertid lo que está bien probado y lo que no lo está.

DL

El método sirve para comprender más claramente el asunto, recordarlo por más tiempo y explicarlo mejor.

DLI

Examinad de qué manera puede desarrollarse, abreviarse, dividirse, componerse o variarse un asunto.

DLII

Observad si vuestros adversarios y vosotros empleáis las mismas palabras en el mismo sentido, y cuál es la noción exacta que se forman aquéllos de las cuestiones que se discuten: tal vez tomen la parte por el todo.

DLIII

Addison advierte, conforme con Aristóteles, que la expresión debe estar más limada en las partes inactivas, como descripciones, narraciones, etc. Las opiniones y las pasiones pudieran obscurecerse con frases harto pulidas...

LÓGICA PARLAMENTARIA,
de WILLIAM G. HAMILTON, se imprimió
en la República Argentina en setiembre de 2019.

Made in the USA
Monee, IL
18 October 2026

66035462R00046